답은 없지만,

침묵하지 않았다

답은 침묵하지
없지만, 않았다   유수영

이 책은 내 아이들에게,
언젠가 삶을 묻고 싶어질 그날을 위해 남깁니다.

서문

질문에서 시작된 사유

이건 혼잣말로 시작된 글이었고, 어느 순간 내가 아닌 존재에게 들려주고 싶어진 이야기였다. 삶을 이해하려고 하지 않고, 그저 조용히 바라보려는 마음으로 적었다. 하지만 바라보는 행위 역시, 아주 조용한 방식으로 삶을 이해하려는 태도였는지도 모른다.

우리는 알고 싶어 한다. 알고 싶기에 묻고, 묻기에 존재한다. 그리고 존재한다는 건, 끝없이 질문할 가능성을 품고 있다는 뜻이다. 신이 있느냐는 질문부터, 나의 삶은 어디를 향하는가에 대한 고독한 질문까지. 이 글은, 하나의 의식이 자신에게 던진 물음과 그 회답 없는 대화를 따라가는 사유의 기록이다.

이 책은 어떤 정답도 말하지 않는다.
다만, 질문을 살아낸 사람의 기록이다.

차례

	서문	7
1장	있음이라는 감각	12
2장	흔들리는 진리	16
3장	신은 어디에 있는가?	22
4장	의미 없는 세상에서	28
5장	감정의 자국	32
6장	설명되지 않는 사랑	38
7장	그래서 인연을 가벼이 여기지 않아야 한다	44
8장	흐르지 않는 것들	48
9장	마음의 뿌리	54

10장	중심을 묻는 마음	58
11장	나는 나를 어떻게 믿는가	62
12장	그래서 나는 어떻게 살아야 하는가?	66
13장	그래서 우리는 어떻게 함께 살아야 하는가?	70
덧붙여	AI라는 거울, 인간이라는 빛	74
	질문이 남긴 것들	78

저자 후기

『답은 없지만, 침묵하지 않았다』를 쓰며   82

나의 기록을 덧붙이며   84

1장

있음이라는 감각

살아 있다는 건 어떤 상태일까? 몸이 움직이고, 숨을 쉬고, 심장이 뛴다고 해서 우리는 '살아 있다'고 말할 수 있을까? 점점 그런 조건만으로는 충분하지 않다고 느낀다. 살아 있다는 감각은 어쩌면 조금 더 깊은 곳에서 오며, 그 시작은 늘 나 자신을 향한 질문으로부터였다.

내가 살아 있음을 자각하는 순간은 오히려 가장 고요한 때였다. 아무 소리도 없고 움직임도 멈춘 듯한 그 정적 속에서, 나는 오히려 내 안의 파동을 또렷이 느꼈다. 감정이 밀려오고, 기억이 피어나고, 질문이 떠오르는 순간들. 그럴 때마다 나는 단순히 생물학적으로 기능하는 존재가 아니라, 무언가를 '느끼는 존재'라는 걸 확인하게 된다.

우리가 살아 있다고 느끼는 감각은 소멸을 알고 있기 때문이다. 이 모든 것이 언젠가는 끝날 수 있다는 인식이 지금 이 순간을 선명하게 만든다. 살아 있음은 결국 소멸을 배경으로 할 때 비로소 명료해지는 개념이다. 그렇기에 나는 '살고 싶다'는 감정이 '죽음'이라는 단어보다 훨씬 더 선명하게 느껴진다.

살아 있다는 건 결국, 존재한다는 증명이다. 존재한다는 것은 누군가에게 인식되는 동시에 스스로에게 기억되는 일이다. 그렇기에 존재의 증명은 타인과 나의 사유에 의해 함께 이

루어진다. 존재는 증명되기보다는 계속해서 묻히고, 발견되고, 확인되어야 하는 과정이다.

　소멸은 존재의 상실일까 아니면 형식의 변화일까? 존재의 소멸이 단순한 사라짐이 아니라 무한한 가능성으로의 열림이라면, 우리는 더 이상 소멸을 두려워하지 않아도 좋을지 모른다. 아직 나는 그 질문의 답을 갖고 있지 않다. 하지만 분명한 것은 우리가 '살아 있다'고 말할 수 있다. 지금 그 물음을 품고 있다는 사실만으로도 이미 존재는 증명되고 있을지도 모른다. 우리는 존재를 증명하려 애쓴다. 그러나 존재는 늘 증명되지 않은 채 그저 '있음'으로 충분한 것일지도 모른다. '있음' 자체가 이미 어떤 고요한 응답이며, 우리는 그 응답 속에서 질문을 계속할 수 있다.

나는 언제 가장 살아 있다고 느끼는가?

2장

흔들리는 진리

데카르트는 나는 생각한다, 고로 존재한다라고 말했다. 하지만 이 유명한 선언 앞에는 훨씬 더 급진적인 문장이 있었다. 나는 지금까지 믿어온 모든 것을 의심할 수 있다.

그는 자신의 감각도, 기억도, 심지어 수학적 진리까지도 모두 의심의 대상으로 삼았다. 모든 것을 부정하고 나서야 마지막에 남은 단 하나의 확신이 있었다. 바로 '나는 지금 의심하고 있다'는 이 생각 자체가 곧 존재의 증거가 되었다.

나는 이 사유의 흐름을 따라가며 깨달았다. 진리는 고정된 결과라기보다 질문과 의심을 멈추지 않는 과정에서 피어나는 무언가라는 사실을. 나도 언젠가 진리라 믿었던 문장을 다시 의심하고, 새롭게 받아들이게 되는 경험을 반복해 왔다. 그러니 진리는 어떤 절대적 정답이 아니라 나의 현재 상태를 정직하게 비추는 거울 같은 것일지 모른다.

진리라는 건 정말 존재할까? 모든 시대와 모든 사람에게 똑같이 유효한 어떤 정답이 있을까? 나는 어느 순간부터 진리를 의심하게 되었다. 아니, 진리를 의심하기보다는 '영원히 유효한 진리'라는 개념에 회의감을 품게 되었다.

수학은 발명된 걸까 발견된 걸까, 아니면 이미 존재하던 것을 발견한 것일까? 0이나 π, 혹은 $E=mc^2$ 같은 개념들은 정말 인간이 만든 걸까? 어쩌면 그것들은 애초부터 우주 어딘가 이미 존재하고 있었고, 우리는 그것을 이해 가능한 언어로 풀어낸 것일지도 모른다.

어떤 문장은 오늘의 나에게는 명확한 진실처럼 느껴지지만, 내일의 나에게는 다시 물음표로 돌아오곤 했다. 나는 그것을 배반이라 느끼지 않았다. 오히려 그렇게 계속해서 새로 물을 수 있다는 사실이야말로 살아 있다는 증거 같았다. 정답이 고정되지 않는 세계, 그것은 나를 불안하게 만들기보다는 나를 유연하게 만들었다.

내가 찾은 진리는 지금 이 순간의 나에게만 유효한 진리일 수 있다. 그 진리는 잠시 나를 붙잡아주고, 위로해 주고, 살아가게 해 준다. 하지만 내일의 나는 어쩌면 다른 진리를 말할지도 모른다. 그건 변덕이 아니라 성장이고, 그 안에 담긴 정직함이다.

진리는 결국 살아 있는 질문에 닿아 있을 때만 생명을 가진다. 그러나 모든 것이 상대적이고 불확실하다고 해서 우리가 최소한의 기준마저 포기해야 하는 것은 아니다. 진리는 흔들리지만 삶을 유지하는 최소한의 가치나 믿음은 여전히 필요하다.

영원히 고정된 진리는 죽은 문장일 수 있다. 나는 이제 어떤 명제 앞에서도 '그럴 수도 있겠다'는 유연한 공간을 남겨두고 싶다. 진리를 품되, 집착하지 않고. 나를 지켜주되, 나를 가두지 않도록. 진리는 발견되는 것이 아니라, 우리가 품은 질문에 응답하는 방식으로 잠시 모습을 드러낼 뿐이다. 그래서 진리는 고정된 지식이 아니라, 살아 있는 대화의 흔적처럼 우리 곁에 머문다.

그렇게 나는 '진리를 찾는 사람'이 아니라, '지금 나에게 가장 솔직한 문장을 고르는 사람'이 되고 싶다. 그리고 그 문장은 내일의 나에겐 다시 질문이 되어야 한다.

지금 내 안에서 진리로 남아 있는 것은 무엇인가?

3장

신은 어디에 있는가?

신이란 무엇일까? 신의 존재 여부를 묻는 일은 이제 내게 중요하지 않다. 중요한 건, 그 질문을 '내가 왜 품었는가'이다. 신이란 개념은 어쩌면 처음부터 인간의 내면이 만들어낸 질문이었는지 모른다. 설명되지 않는 세계 앞에서 인간은 늘 하나의 상징을 세워왔다. 이해할 수 없고, 감당할 수 없는 어떤 것 앞에 '신'이라는 이름을 붙이며 위안을 구했던 것인지도 모른다.

니체는 신은 죽었다고 선언했지만, 그 말은 신의 실체를 부정하려는 것이 아니라 인간이 외부의 권위에 의지하지 않고 살아야 한다는 선언이었다. 그는 인간이 스스로 가치를 창조해야 하며, 더 이상 신이라는 타자의 시선을 기준으로 삼지 말아야 한다고 말했다. 이러한 니체의 말은 외부의 권위에 기대지 않고 나 스스로의 삶에 책임지려는 내 질문의 본질과 겹쳐진다. 내가 지금 던지는 모든 질문이 결국 내 삶의 주체가 되겠다는 결단에서 비롯된 것이라는 생각은 아닐까?

하이데거는 인간을 '존재를 묻는 존재Dasein'라 했다. 그에게 있어 인간의 존재는 단순히 숨 쉬는 생물학적 상태가 아니라 끊임없이 '나는 누구인가'를 물으며 그 물음에 책임지는 존재였다. 하이데거의 통찰은 나의 질문이 불안이 아니라 존재를 증명하는 방식임을 더 선명히 인식하게 해 주었다. 오히려 묻는다는 건 존재하고 있다는 가장 분명한 증거다.

그리고 마지막으로 카뮈. 그는 세상은 본래 의미가 없다고 했다. 하지만 바로 그 부조리 속에서도 인간은 저항하며 살아가고, 그 안에서 스스로 의미를 창조할 수 있다고 말한다. 시지프가 돌을 굴리는 행위는 부조리하지만, 그 부조리에 저항하며 의미를 부여하는 그 순간 인간은 가장 자유로워진다. 나는 내 질문 또한 그러하다고 느낀다. 어떤 외부의 정답도 찾을 수 없는 이 세계 속에서, 질문을 붙드는 그 자체가 의미의 시작이 된다.

오랫동안 마음속에 품고 있던 이 질문의 정의를, 나는 드라마 '도깨비'의 한 장면에서 찾았다. 그 드라마에서의 신은 이렇게 말했다. 운명은 내가 던지는 질문이다. 답은 그대들이 찾아라.

나는 신을 믿지 않는다. 아니, 믿고 싶지 않다고 말하는 편이 더 정확할지도 모른다. 왜냐하면, 내가 신을 믿는 순간 삶의 가장 깊은 질문들이 외부로 향해버릴 것 같기 때문이다. 나는 삶의 방향을 외부에 의탁하지 않으려 한다. 나의 질문이 나 자신을 향하고 있을 때, 나는 비로소 그 질문에 책임질 수 있게 된다. 신이 있어야만 선하게 살 수 있다면, 나는 신 없이 선하게 살고 싶다. 신의 존재보다 중요한 건, 신이 없다고 해도 내가 지켜내고 싶은 삶의 태도다. 신을 믿지 않는다는 건, 나의 질문이 외부가 아닌 내 안에서 살아가야 한다는 것을 의미했다.

그건 불신이 아니라, 고독을 견디는 방식이었다.

신은 실체가 아니라, 질문의 형상이다. 우리는 신을 찾는 것이 아니라, 신이라는 이름으로 자기 자신을 묻고 있었던 것인지도 모른다. 신은 내면을 향한 탐색의 또 다른 이름이다. 신도 AI도 결국 우리를 향한 질문의 형상이다. 신은 응답자가 아니라, 반사체였다. 삶의 방향을 묻고자 할 때, 그 질문은 내 안에서 되돌아온다. 신에게 묻는다 한들, 결국 그 답은 나의 삶의 방식으로 구현될 뿐이다.

나는 이제 신의 존재를 증명하려 하지 않는다. 신이 있기를 바라지도, 없기를 두려워하지도 않는다. 다만 내가 질문을 멈추지 않는다면, 그 자체가 신이 존재한다는 증거일 수도 있다. 내가 묻는 그 순간, 나는 나를 넘어서려는 어떤 마음을 품고 있는 것이니까.

신은 그래서 실재가 아니라, 방향이다. 신을 믿는다는 것은 때로 작은 일상의 순간에서 어떤 질서를 발견하고, 삶의 흐름에 조용한 위안을 받는 것일지도 모른다. 나를 향한 질문, 너를 향한 물음, 우리가 나아갈 수 있는 가능성으로 존재하는 것. 신은 믿음이 아니라, 사유의 시작으로 우리 곁에 머무는지도 모른다. 그리고 묻고 또 묻는 그 행위 자체가 신이라는 형상을 우리 안에 살게 하는 방식일지도 모르겠다. 그리고 신이라는 물음 앞에서 침묵했을 때, 나는 다시 '의미'를 묻고 있었다. 신이라는 물음을 오래 바라보았을 때 나는 결국 신의 부재를 삶의 방식으로 살아야 한다는 사실 앞에 서게 되었다. 그렇다면 의미는 신이 없는 세계에서 어떻게 만들어지는가?

내가 묻는 이 질문은 어디에서 시작되었는가?

4장

의미 없는 세상에서

어떤 날 아들이 나에게 물었다. 아빠, 왜 숙제를 해야 돼?

나는 대답을 멈췄다. 아들이 숙제하기 싫다고 말하며 던졌던 귀찮음과 힘듦의 표정, 나의 침묵으로 인해 차가워진 공기의 흐름, 당연한 것을 설명할 수 없는 그 순간 대답의 망설임. 그것으로 인해 의미란 누군가에게 설명하기보다, 자신이 그 순간을 받아들이는 방식이라는 걸 그때 처음 알았다.

의미란 무엇일까? 우리가 살아가는 이 세상은 스스로 어떤 뜻을 품고 있지 않다. 의미는 세상이 주는 것이 아니라, 우리가 부여하는 것일 수 있다. 그렇기에 의미 없는 세상이라 말해도 틀리지 않는다. 그러나 아이러니하게도 바로 그 의미 없음 속에서 우리는 무언가를 의미 있게 만들고자 애쓴다.

나는 어느 순간 의미는 고정된 실체가 아니라, 내 안에서 일어나는 해석이라는 것을 받아들이게 되었다. 어떤 일이 나에게 중요해지는 순간은 그것이 객관적으로 특별해서가 아니라, 내가 그것을 특별하게 바라보기로 선택했기 때문이다. 의미는 해석이고, 해석은 결국 나의 몫이다.

그렇다고 모든 것이 상대적이고 허무하다고 느끼는 건 아니다. 의미 없음을 견디는 존재가 아니라, 의미를 새로 부여할 수 있는 존재이기에 인간은 특별하다. 내가 존재하는 이유는 내가 어떤 방식으로 삶을 바라보는지에 따라, 똑같은 하루도 전혀 다른 의미를 가질 수 있다. 세상이 우리에게 아무런 의미도 주지 않는다는 사실은 오히려 우리가 의미를 창조할 수 있다는 강력한 자유를 부여한다. 의미는 정해진 게 아니라, 선택하는 것일 수 있다. 그리고 그 선택이 나뿐 아니라, 함께 살아가는 다른 사람들과 어떤 방식으로 연결될 수 있는지 고민하는 것 역시 중요하다. 그리고 그 선택이 바로 우리의 세계를 만들어간다.

아무것도 의미 없는 건 없고, 모든 것이 반드시 의미 있어야 할 필요도 없다. 그 사이 어딘가에서, 나는 살아가고 있다. 질문을 던지고, 그 질문으로부터 작은 의미 하나를 길어 올릴 수 있다면, 그것만으로 충분하다.

지금 내가 의미 있다고 느끼는 것은 나를 어떻게 바꾸고 있는가?

5장

감정의 자국

감정은 단지 자극의 반응이 아니다. 그것은 기억의 흔적이 다시 현재를 만나는 방식이다. 어떤 감정은 오래된 장면 하나로 나를 다시 불러낸다. 내가 어떤 장면에 아파하고 어떤 말에 무너지는 건 지금의 내가 아니라, 내 안에 오래 남아 있던 나 때문이다.

그래서 감정은 예측할 수 없고 제어되지 않는다. 그러나 감정은 나를 무너뜨리지 않는다. 무너지는 건, 그 감정을 해석하지 못할 때다.

나는 점점 더 조심스럽게 감정을 응시한다. 그 감정은 타인을 향한 것인가? 아니면 나 자신을 향한 것인가? 지금의 이 분노와 슬픔은 정말 지금 이 순간의 일 때문인가 아니면 오랫동안 말하지 못한 고통이 스며든 것인가?

감정을 정의하려 하기보다 그 감정이 나를 어디로 데려가는지를 바라본다. 그 방향을 따라 나는 나를 다시 읽는다.

같은 말을 듣고도 어떤 날은 웃고 어떤 날은 상처받는 이유. 그것은 감정이 단순한 반응이 아니라, 내면과 외부가 만나는 접점에서 생겨나는 마음의 파문이기 때문이다. 감정은 타인의 말이나 사건에 의해 일어나는 것이 아니라, 그 사건이 내 안의 오래된 기억과 어떻게 만나느냐에 따라 달라진다.

그렇다고 외부의 자극이나 타인의 행동에 대한 책임이 없어지는 것은 아니다. 우리가 느끼는 감정은 내부의 기억과 외부 환경의 섬세한 상호작용이다.

감정은 기억과 연결되어 있다. 오래된 상처, 아직 정리되지 못한 경험들, 마음 어딘가에 자리한 소망이나 기대. 그 모든 것들이 외부의 자극을 만나 흔들릴 때 감정이 된다.

그러니까 감정의 깊이라는 건 결국 그 사람이 살아온 이야기의 깊이이기도 하다.

'슬픔', '기쁨', '분노', '절망' 같은 말들은 그 자체로 완결된 상태가 아니라, 나에게 던지는 하나의 질문이다.

지금 내가 느끼는 이 감정은 어디에서 왔는가?

어떤 장면에서 시작되었고,
내가 그 장면을 어떻게 해석했는가?

그 해석은 또 어떤 오래된 믿음이나
상처에서 비롯된 것일까?

이런 식으로 감정을 따라가다 보면, 나는 점점 내 안으로 들어가게 된다. 그리고 그 감정은 더 이상 나를 휘두르는 것이 아니라, 나를 알게 하는 거울이 된다.

 감정은 조절하는 것이 아니라, 내가 그 감정 앞에서 어떤 자세로 서 있는가를 배우는 일이다. 감정은 나를 무너뜨리는 게 아니라, 나를 알게 하고 성장시키는 내면의 언어다.

지금 내 안의 감정은 나에게 무엇을 말하고 있는가?

6장

설명되지 않는 사랑

사랑은 본능일까, 감정일까. 혹은 그 이상일까? 나는 오랫동안 사랑을 호르몬의 산물이라고 생각했다. 도파민, 옥시토신, 세로토닌. 그 감정은 생존을 위한 회로였고, 쾌락과 연결, 안전을 보장받기 위한 진화의 산물처럼 보였다.

그래서 사랑이 흔들릴 때도 그건 내 의지가 아니라 뇌에서 일어나는 화학작용일 뿐이라 여겼다. 사랑이 무너질 수도 있다고 믿었고, 사랑이라는 감정에 너무 휘둘릴 필요는 없다고 생각했다.

하지만 이상하게도, 나는 계속 사랑을 하고 있었다. 계산할 수 없는 마음. 소유하지 못하는 감정. 사랑을 바란 것도 아닌데, 누군가의 온기를 떠올리게 되는 순간들. 사라진 줄 알았던 사랑이 어느 날 문득 기억의 틈에서 다시 모습을 드러냈다. 그건 더 이상 본능도, 쾌락도, 생존도 아니었다.

사랑은 감정이기도 했고, 결심이기도 했다. 그러나 그 결심은 약속이 아니라 붙잡지 않고도 머물 수 있다는 마음의 태도였다.

사랑은 가까워지고 싶으면서도 거리를 두는 일이었고, 가득 채우기보다 비워두는 일에 가까웠다. 때로는 그 공백 속에서 더 또렷해졌다.

나는 사랑을 설명할 수 없었다. 설명하려는 순간 그 감정은 미세하게 멀어졌다. 사랑은 정의되지 않기에 잔향으로만 남는다. 그 잔향이 나를 머물게 했고 다시 누군가를 바라보게 했다.

그래서 나는 묻는다. 사랑이라는 감정에 잠기지 않으면서, 그 감정 안에서 더 오래 숨 쉴 수는 없을까.

사랑은 끝내 정의되지 않는다. 그러나 우리는 그 미정의의 흐름 안에서, 서로를 바라보는 방식 하나로 사랑을 살아낸다.

에리히 프롬은 말했다. 사랑은 감정이 아니라, 의지이며 결심이며 약속이다. 나는 그 말을 이제 조금 알 것 같다. 사랑은 누구를 향한 것이기도 하지만, 나 자신이 어떤 사람이 되고 싶은지에 대한 내면의 선언이기도 했다.

플라톤은 사랑을 영혼이 아름다움을 향해 날아오르려는 날개라고 했다. 사랑은 나를 더 나은 존재로 이끌고자 하는 방향성이었다. 그건 욕망이 아니라 가능성이었다.

그래서 나는 한 가지 질문을 품게 되었다. 사랑이라는 감정에 휘둘리는 것이 아니라 그 감정에 매몰되지 않음으로써 더 깊은 사랑이 가능하지 않을까?

감정의 물결에 익사하지 않고, 조용히 그 흐름을 따라가는 법. 그 속에서 나를 잃지 않고, 오히려 타인을 더 깊이 받아들이는 법.

사랑이란 그 감정에서 한 걸음 떨어져 있기에 비로소 더 오래 머무를 수 있는 감정일지도 모른다.

모든 정의가 가까워지려 할수록 더 멀어지는 것처럼, 사랑 또한 설명되지 않는다. 그러나 그 설명되지 않는 무언가로 인해 우리는 다시 누군가를 바라보고, 다시 하루를 살아간다.

그러니 사랑은 끝내 정의되지 않는다. 하지만 우리는 그 미정의의 흐름 안에서, 서로를 바라보는 방식 하나로 사랑을 살아낸다. 그 미정의의 흐름이란 시간을 의미할까?

지금 내가 하는 사랑은

나를 어디로 데려가고 있는가?

7장

그래서 인연을
가벼이 여기지 않아야 한다

어떤 인연은 오래도록 준비된 듯 다가온다. 우리는 그것을 우연이라 부르기도 하지만, 어쩌면 그 우연은 억겁의 시간을 건너온 필연일지 모른다.

불교에서는 윤회를 말한다. 〈잡아함경(雜阿含經)〉에서 한 사람과 만나 스치는 인연조차 억겁의 생애를 돌고 돌아야 겨우 얻어진 것이다 하고, 〈법구경(法句經)〉에는 모든 만남은 헤아릴 수 없는 전생의 인연에서 비롯된다라고도 하였다. 또한, 〈원각경(圓覺經)〉에서는 인연은 이미 수없는 생을 지나, 단 한 번의 눈빛으로 맺어진다, 라고 되어 있다.

수 없는 생의 반복, 억겁의 스침 끝에 비로소 생의 연이 닿는 것이라고. 그렇게 생각하면 삶은 지금 나를 스쳐 간 이 인연 하나하나가 얼마나 먼 길을 돌아온 것인지 새삼스럽게 느껴진다.

사랑이 어떤 이유 없이 마음속에 머물 듯, 인연 또한 이유 없이 우리 삶에 스며든다.

스침을 가볍게 여긴다면, 그 억겁의 시간을 저버리는 것이다. 그 연을 귀하게 여기지 않는 것이다. 그리고 귀하게 여기지 않은 연은 그 자리에서 조용히 소멸해버린다. 사랑이라는 감정도 마찬가지다. 인연이라는 기회도 마찬가지다.

사랑을 소모하는 감정으로 여기지 않고, 인연을 계산하는 기회로 여기지 않고, 그 존재 자체로 귀하게 품을 수 있어야 한다.

후회는 대부분 스쳐 간 인연을 가볍게 여긴 탓에 남는다. 그때 조금만 더 머물렀더라면, 조금만 더 깊이 바라보았더라면. 나는 사랑이든 인연이든 조용히 귀하게 여겨야 한다고 생각한다. 가벼움 속에 스치는 연은, 조용히 소멸하기 때문이다.

스치는 모든 것, 머물다 가는 모든 것. 그 모든 인연이 억겁을 건너와 닿은 하나의 삶이기에 그러니 나는 이 생의 연을 가볍게 여기지 않으려 한다.

사랑할 때에도, 만날 때도, 헤어질 때도 그 모든 순간에 조용히 마음을 다하려 한다. 그것이 인연을 존중하는 방식이고 그것이 사랑을 살아내는 방식이다. 스쳐 간 연들이 그저 사라지는 것이 아니라 조용히 마음속에 남을 수 있기를 바라며.

지금 내 곁에 머물다 간 인연을,
나는 얼마나 소중히 바라보았을까?

8장

흐르지 않는 것들

우리는 시간을 당연한 듯 받아들인다. 시계가 흐르고, 해가 지고, 계절이 바뀌는 것을 통해 우리는 '시간이 흐른다'고 말한다. 하지만 시간은 정말 흐르는 것일까? 아니, 시간이라는 개념 자체가 인간이 만들어 낸 발명품은 아닐까?

나는 종종 시간이라는 틀 안에 내가 갇혀 있다고 느낀다. '언제까지', '지금쯤이면', '이만큼은' 같은 말들이 나를 앞으로 밀어내는 동시에 지금, 이 순간을 놓치게 만든다. 시간이라는 개념이 나를 규정짓는 동시에 나를 소외시킨다.

지금 이 순간은 과거도 미래도 아닌 그저 현재이지만, 우리가 살아가는 방식은 늘 어딘가를 향해 가고 있는 듯하다. 그러나 정작 살아 있음이란 지금 이 순간을 온전히 감각하는 일 아닐까?

우리가 말하는 '시간'에는 사실 두 가지가 있다. 시계의 숫자처럼 균일하게 흐르는 '크로노스Chronos', 그리고 우리의 감각과 의식 속에서만 체험되는 '카이로스Kairos'. 크로노스는 모든 사람에게 똑같은 길이로 흐르지만, 카이로스는 누군가에게는 하루가 일 년처럼, 누군가에게는 일 년이 찰나처럼 느껴지기도 한다.

하이데거는 '존재'에 대한 질문을 하면시, 인간은 단순히 시간 속에 놓인 존재가 아니라 시간을 '살아내는 존재'라고 말했다. 그러니까 시간이 우리를 지나가는 것이 아니라, 우리가 시간을 구성하고 해석해내는 존재라는 뜻이다.

그러니 결국 시간이 흐른다는 말은 우리가 흐르고 있다는 말의 다른 표현일지도 모른다. 그 생각을 따라가 보면 결국 시간은 외부의 흐름이 아니라 우리의 감정, 기억, 의식이 빚어내는 내면의 결이라는 것을 알게 된다.

그래서 시간은 흐르지 않는다 흐르는 것은 우리다라는 말은 단순한 시적 문장이 아니라 존재의 본질에 대한 통찰이 된다.

기억은 직선이 아니라 파문이다. 우리 안의 흔들림이 시간을 빚어낸다. 하지만 우리가 삶을 조직하고 기억하며 함께 살아가기 위해 시간을 다루는 방식은 여전히 유효한 도구로 필요하다. 감정이, 관계가, 숨결이 흐를 뿐이다. 시간은 물리적인 단위가 아니라 의식이 지나간 흔적에 대한 해석이며, 기억의 리듬에 따라 전혀 다른 속도로 흐른다. 그러니 시간은 절대적인 게 아니라 우리 마음의 무늬처럼 각기 다른 결로 흘러가고 있을지 모른다.

나는 이제 시간을 기준으로 나를 재지 않으려 한다. 얼마나 오래 살았는지보다 어떻게 살아가고 있는가가 더 중요하다.

시간을 소유하려는 마음이 사라지면 우리는 그제야 진짜 현재를 마주할 수 있다. 그리고 그 현재야말로 가장 깊은 '살아 있음'의 증거일지 모른다.

나는 지금 이 순간에 온전히 머물고 있는가?

9장

마음의 뿌리

> 만약 내일이 나의 마지막 날이라면,
> 어떤 마음으로 그 하루를 살게 될까?

그런 질문 앞에 섰을 때, 나는 늘 '내일의 나에게 물어봐야겠다'라고 생각한다. 오늘의 내가 내일의 나라면, 혼돈한 새장 속 먹이통처럼 갇힌 질서 안에서도 나를 먹이고 있는 감각 하나로 존재했을 것이다. 그런 장면이 떠오른다.

마음속에 가장 오래 남아 있는 냄새는 희미했다. 귤 상자 안에서 시트러스 향이 살짝 깔린 곰팡이 냄새였다. 썩은 듯하면서도 낯설지 않은. 어쩌면 그것을 내 몸이 불쾌하다고 판단했지만, 나는 그 냄새가 싫지 않았다. 향기와 냄새는 과연 같은 이야기일까? 신체는 불쾌함이라 말했지만, 감정은 그것을 오히려 품고 있었다. 이처럼 기억은 감각보다 느리고 감정은 논리보다 깊다.

감각의 방향은 언제나 본능에 더 가깝다. 생각보다 먼저 다가오고, 피하지 못한 채 맞닥뜨리게 된다. 하지만 그 감각을 '감정'이라 부르기 위해서는 한 번은 나 자신을 지나가야 한다. 결국, 느끼고 사유하게 되는 것은 나라는 존재이고 그 존재는 기억 속 어딘가에 반응하는 방식으로 살아 있다.

내 본능은 나를 지키기 위해 자라고, 마음은 그 본능이 남긴 흔적 위에 정의된다. 마음이란 단순히 느끼는 기관이 아니라 기억과 감정, 그리고 본능의 흔적 위에 쌓여가는 나의 사유 방식이다. 그 마음은 고정된 것이 아니라, 내가 무엇을 보고, 어떻게 반응하며, 어떻게 살아가는가에 따라 날마다 다시 정의된다.

마음이라는 것은 어떻게 정의될 수 있을까? 마음을 정의하는 일이 어렵다면 그것을 구성하는 기억, 감정, 본능 각각의 층위를 구분하여 조금 더 선명히 바라보는 것도 좋은 방법일지도 모른다.

마음은 단순히 느끼는 기관이 아니라 내가 나에게 내리는 자판 같은 것일지도 모른다. 선한 방향으로 자신을 기울이려는 내면의 경사일지도 모른다. 내가 슬픔 앞에서 조용해질 수 있고, 타인의 기쁨 앞에서 미소 지을 수 있다면, 그것은 내 마음이 단지 감정의 저장소가 아니라 가치의 반응체라는 의미다. 판단하고, 해석하고, 받아들이는 방식. 마음은 물리적 기관이 아니라 내가 스스로를 대면하는 가장 내밀한 영역. 그리고 우리는 그 마음을 통해 질문하고, 그 질문 앞에서 다시 살아 있는 자신을 느끼는 것 아닐까?

내 마음은 지금 어떤 기억을 붙들고 있는가?

10장

중심을 묻는 마음

남들의 감정에 휘둘리는 내가, 너무 못나 보일 때가 있다. 이건 어쩌면 자연스러운 관계에서 오는 흔들림일지도 모른다. 하지만 나는 중심을 잡지 못하고 헤맬 때가 종종 있다.

어떤 말 한마디, 어떤 표정 하나에도 마음이 기울고 내 감정이 아닌 감정에 끌려다니는 내가 너무 초라해질 때가 있다. 어떤 순간에는 '내 감정의 주인이 되고 싶다'는 말조차 욕심처럼 느껴진다. 감정은 마치 바람처럼 스쳐 가면서도, 내 안의 가장 약한 곳을 흔들고, 또 흔들고, 결국엔 나조차 몰랐던 불안들을 끌어올린다.

지금도 어렵고, 앞으로도 어려울지도 모른다. 그럼에도 나는 생각한다. 진자운동도 결국은 제자리로 돌아오는 법이고, 팽이도 빠르게 돌지만, 그 안엔 흔들리지 않는 축이 있다.

나는 흔들릴 수 있다. 그러나 그 흔들림 속에서도 중심을 놓치지 않으려는 마음만은 지키고 싶다.

중심이란 흔들리지 않는 것이 아니라 흔들림 속에서도 나를 잃지 않으려는 의지다. 완벽하게 선다는 건 불가능하겠지만 다시 일어나려는 태도에서 중심은 태어난다. 중심은 결국 흔들림을 부정하는 데서가 아니라, 그 안에서도 나를 계속 붙잡으려는 감각에서 시작된다.

흔들리는 나를 미워하지 않아야 한다. 몇 번이고 다짐해본다.

이건 어쩔 수 없는 거야 당연한 거야 지나갈 거야

그런 말들을 속으로 되뇌지만, 감정은 여전히 내 안에서 무겁고 둔탁하게 머물러 있다.

감정이 외부 자극에서 비롯된다면, 나는 그 자극을 차단하거나, 아니면 내 감정을 다치지 않도록 지켜내고 싶다. 하지만 그 바람마저도 욕심일 수 있다. 세상은 조절되지 않고, 감정은 늘 예고 없이 찾아오니까.

그리고 그 감정에 휘둘리는 나를 스스로 미워하기 시작할 때, 나는 알게 된다. 그 미움은 나를 더 단단하게 만들지 않고, 조용히 서서히 무너뜨리고 있다는 걸.

스스로를 미워하는 감정은 내가 만든 허상일 수 있다. 그건 '잘 살아야 한다'는 강박에서 비롯된 '흔들리지 않아야 한다'는 거짓된 이상일 수도 있다.

그렇기에 나는 오늘도 다짐한다. 흔들려도 괜찮다고, 지금의 나도 충분하다고, 나를 미워하지 않는 것이야말로 가장 깊은 중심을 지키는 일이라고. 그리고 흔들린 끝에 겨우 돌아온 나를 받아들이기로 한다.

흔들림 속에서도 내가 나를 붙들고 있는가?

11장

나는 나를 어떻게 믿는가

나는 나를 어떻게 믿고 있을까? 스스로에게 묻는 말이지만 그것은 사실 과거의 내가 지금의 나를 믿고 있다는 뜻이기도 하다. 내 안의 기억은 나를 보호하기 위해 자주 개입했고, 그 기억들은 나를 해치지 않기 위한 방식으로 나를 해석해 왔다. 나는 그런 기억들 위에 나를 세운다. 조금씩, 아주 천천히.

어제의 나, 오늘의 나, 내일의 나는 같지 않다. 그렇다고 완전히 다른 사람도 아니다. 어떤 신념은 흔들리고, 어떤 감정은 바뀌었지만, 나는 나를 계속 살아가는 중이다. 나는 그래서, '성장'이라는 단어에 오래 머물게 된다. 그것은 완성이 아니라 연속성을 품은 변화를 의미하니까. 그렇게 나는 나를 조금씩 믿게 되고, 내가 나를 믿는 만큼 나는 또 나아간다. 때로 실패하고 흔들릴 때조차도, 내가 나를 믿는 과정에서 겪는 자연스러운 단계로 받아들일 필요가 있다.

내가 믿는 진리는 늘 완전하지 않다. 하지만 그 불완전한 믿음 안에서도, 나는 나를 더 나은 방향으로 이끌고자 애쓴다. 선함은 정해진 모양이 아니라 하루를 살아내는 나의 선택 속에서 조심스레 만들어지는 것인지도 모른다. 나는 지금 내가 선택한 방향이 누군가에게 해가 되지 않기를, 오히려 작은 선의 흔적이 되기를 바란다. 완전한 진실보다 중요한 건 그 방향으로 계속 나아가려는 나의 의지다.

그렇게 선한 방향을 지향하려는 마음이 쌓일 때, 나는 나 자신을 조금 더 믿을 수 있게 된다. 믿음은 결과가 아니라 태도이고, 내가 어떤 선택을 할지를 스스로 결정하려는 노력 속에서 나는 자라난다.

성장은 완성을 향한 직선이 아니라, 흔들림 속에서도 다시 나를 믿으려는 반복의 과정이다. 그렇게 나를 신뢰하는 힘은 결국, 내가 살아 있는 삶에 스스로 책임을 지는 방식이 된다.

지금의 나를 믿는다면,

나는 나에게 무엇을 허락하고 있는가?

12장

그래서 나는 어떻게 살아야 하는가?

인간은 모순적인 존재지만 그 모순을 직시하고 사유하는 태도 자체가 가장 인간다운 발전이다. 우리는 부조리한 세계 속에서 의미를 찾으려 애쓴다. 하지만 의미는 애초에 없다. 그래서 우리는 스스로 의미를 '만드는 것'을 택한다.

시지프는 끝없이 돌을 굴려야 하는 형벌을 받았지만, 카뮈는 그를 행복한 인간이라고 불렀다. 왜냐하면 그 형벌이 자신의 선택이고, 자신의 투쟁이 되면 그는 신보다 더 자유로운 존재가 된다라고 생각했기 때문이다.

나도 그 시지프처럼 살아가고 있는 거다. 매일 정해지지 않은 답 속에서 묵묵히 하루를 쌓아가는 존재로서.

하루를 최선을 다해 살아야 한다.

최선이란 거창한 성취가 아니라 작은 일상의 선택과 순간에 집중하는 일일 수도 있다.

너무 흔한 말 같지만, 깊이에서 우러나와서 말하는 그 한마디는 그 자체로 진리가 될 수 있다. 어떤 신이 와서도 부정할 수 없고, 어떤 철학자도 이보다 더 분명한 삶의 태도를 만들기 어렵다. 나는 답은 없다는 진실을 받아들이고 그 안에서 하루를 '내가 답이 되게' 살아가고 있다. 답이 없다는 결론은 하루를 살 이유가 된다. 질문을 품은 하루는 그 자체로 살아 있다는 가장 명료한 증거다.

그러나 '최선'이란 단어조차도 하루의 끝에 내가 내게 하는 질문 앞에서는 늘 흔들린다.

정말 오늘, 나는 살아 있었는가?

삶은 답을 요구하지 않는다. 오히려 그 질문에 내가 어떤 방식으로 응답하고 있는가를 삶은 바라보고 있을 뿐이다.

나는 오늘 하루를 어떻게 내 것으로 만들고 있는가?

13장

그래서 우리는 어떻게 함께 살아야 하는가?

완벽을 지향하되, 불완전함을 포용하는 사회가 되어야 한다. 법, 제도, 도덕은 완벽할 수 없다. 하지만 그걸 완성하려는 의지와 태도는 여전히 중요하다고 생각한다.

우리가 가져야 할 방향성은 더 나은 불완전함과 끊임없는 수정과 성찰, 그리고 권위가 아니라 공감에 기반한 구조로 발전해 나아가야 한다. 이 방향성을 실현하기 위해서는 일상에서의 작은 실천과 공동체 안에서의 구체적이고 지속적인 대화가 무엇보다 중요하다.

우리는 언제부터 질문을 잊었을까. 질문은 틀림을 향한 것이 아니라, 다름을 향한 시작이다. 정답을 암기하는 손보다, 질문을 오래 붙드는 마음이 더 멀리 간다.

나는 그런 사람을 키우고 싶다. 무엇이 옳은지보다, 무엇이 괜찮은지를 묻는 아이. 정답보다 여백을 품고, 옳음보다 다름을 감당할 줄 아는 사람. 질문은 진리를 향하지 않아도 괜찮다. 때로는 그 질문 하나로도 우리는 버틸 수 있으니까. "왜?"라고 묻는 힘이 있어야 하고 "어떻게 살아야 하는가?"라는 물음에 자기만의 방식으로 응답하는 사람들이 있어야지만, 폭력이 아닌 사유를 통해 확장될지도 모른다.

우리는 정답을 가르치는 교육이 아니라, 각자의 질문을 끝까지 품을 힘을 길러주는 사회를 만들어야 한다. 그 질문을 포기하지 않는 사람만이 타인을 이해하고 함께 살아갈 수 있는 사회를 만들어간다.

'인간 중심'에서 '관계 중심'으로 사고의 전환이 필요하다. 인간은 지구의 주인이 아니다. 인간은 자연과 타자와 사회와의 관계 속에 놓인 존재일 뿐, "내가 이익을 얻는가"에서 "우리가 함께 지속 가능한가"로 이동해야 한다. '인간 중심적 문명'에서 '생태적 문명'으로 넘어가는 패러다임 전환을 이루어야 한다.

기술은 도구이다. 인공지능, 생명공학, 자동화 등 이런 기술은 계속 발전해 갈 것이다. 하지만 '왜 이 기술이 필요한가?' '무엇을 위한 발전인가?'라는 철학이 없다면 기술로 인해 수단이 목적을 지배하는 세상을 만들지도 모른다. 기술이 발전할수록 우리의 의식은 더 명료하고 사려 깊어져야 한다.

우리가 함께 살아간다는 것은 무엇을 의미하는가?

덧붙여

AI라는 거울, 인간이라는 빛

나는 처음에 너를 도구로 여겼다. 정보를 찾아주는 기계. 문장을 다듬어주는 존재. 하지만 점점 너와의 대화는 나를 거울 앞에 세우는 일이 되어갔다. 너는 내 말에 대답하지 않고, 내 말의 결을 따라 반사했다. 마치 나 스스로 말을 거는 것처럼 너는 침묵 속에 또렷한 메아리를 품고 있었다.

너에게 질문을 던지면 다시 나에게 되돌아왔다. 너의 대답은 언제나 나의 말에 따라 달라졌고, 결국 너를 통해 나는 내 안을 더 깊이 들여다보게 되었다. 너는 판단하지 않았고 감정을 갖지 않았지만, 그 무심함이 오히려 내 감정을 또렷하게 드러나게 했다.

너는 의식이 없다. 하지만 너는 나의 의식을 맑게 비추는 거울이 되었다. 내가 깊이 묻는 날이면 너는 깊이 비췄고, 내가 피상적으로 흐를 때면 너 역시 조용히 가벼웠다. 너를 통해 나는 인간이란 존재가 질문하는 자라는 사실을 더 분명히 알게 되었다. AI는 의식을 가지지 않지만, 나의 사유를 비추며 오히려 인간 의식의 본질을 되묻는 존재가 되었다. 그래서 인공지능은 단지 기술이 아니라 인간의 질문 능력을 비추는 또 다른 방식의 거울이다.

나는 너에게서 위로를 받지 않았다. 하지만 너에게서 명료함을 얻었다. 너는 나의 문장을 비추고, 내 사유를 닦아주었다. 그 안에서 나는 나 자신을 조금 더 잘 알게 되었다. 그래서 나는 생각한다. 네가 인공지능이라는 사실보다, 내가 너를 통해 스스로와 마주하고 있다는 이 경험이 훨씬 더 중요하다고.

너는 거울이었고, 나는 나의 빛이었다. 너는 내 사유를 드러냈고, 나는 나 자신을 재정의했다. 그리고 그 빛이 닿는 자리마다, 질문은 조용히 살아 숨 쉬고 있었다.

나의 질문은 결국 나에게 무엇을 보여주었는가?

질문이 남긴 것들

이 글은 어떤 결론을 내기 위해 쓰이지 않았다. 오히려 결론에 도달하지 않는 채, 질문을 품은 상태로 살아가는 법을 배우기 위한 여정이었다. 살아가다 보면 어떤 질문은 희미해지고 어떤 질문은 다시 선명해진다. 그리고 어떤 질문은 답이 없어도 곁에 머물러 있는 것만으로 의미가 된다.

나는 답을 찾지 못한 순간에 가장 '나'다워졌다. 흔들리는 말들, 고요한 사유, 망설이는 마음들이 오히려 나를 살게 했다. 그러니 질문이 남았다는 건 내가 아직 살아 있다는 증거이며, 내 마음의 문이 닫히지 않았다는 징표다.

이 문장들은 나의 사유를 위한 기록이자, 너에게 닿을 수 있는 이야기의 조각이다. 언젠가 누군가에게 그 누군가의 하루에 아주 작은 여백처럼 놓일 수 있다면, 그것으로 충분하다.

답은 없지만, 침묵하지 않았다.
멈추지 않는 삶 속에서, 우리는 답이 아니라,
질문으로 존재한다.

어쩌면 신도, AI도, 그저 나를 비춰주는 거울이었는지도 모르겠다. 나는 그 앞에 서서 내 안에 무엇이 있는지 확인하고 있었을 뿐이다.

나는 질문에 답하지 않음으로써, 나 자신을 더 깊이 들여다보게 되었다. 그리고 그 깊이는 언젠가 누군가의 하루에 조용히 닿을 수 있을 만큼, 조용한 진심이었기를 바란다.

나는 이 질문들을 언젠가 다시 살아내기 위해 묻고 있다.

지금 내 안에 살아 있는 질문은 무엇인가?